LOS CRITERIOS SMART

El método para fijar objetivos con éxito

Por Guillaume Steffens
En colaboración con Anne-Christine Cadiat
Traducido por Marta Sánchez Hidalgo

Economía y empresa en50MINUTOS.es

LAS CLAVES PARA EL ÉXITO

Adam Smith

El principio de Pareto

El estrés laboral

La pirámide de Maslow

LOS CRITERIOS SMART PARA UN OBJETIVO A MEDIDA

- **¿Denominaciones?** Objetivos SMART (en inglés *SMART goals*), criterios SMART, indicadores SMART, método SMART, método SMARTER.
- **¿Utilidad?**
  - En management y en la gestión de proyectos, los criterios SMART se utilizan para definir objetivos e indicadores clave de rendimiento (ICR o KPI, *Key Performance Indicators*) eficaces y para facilitar su realización.
  - En el campo de las ciencias humanas y del desarrollo personal, se utilizan para fijar objetivos de aprendizaje.
- **¿Por qué es eficaz?** Su principio es sencillo: un objetivo debe responder a cinco características para validar su pertinencia. Tiene que ser específico (*specific*), medible, asignable, realista y temporalmente definido. El acrónimo mnemotécnico SMART permite además tener presentes elementos que favorecen la fijación de objetivos pertinentes.
- **¿Palabras clave?**
  - <u>Gestión de proyectos</u>: organización del conjunto de las actividades que tienen como objetivo responder a un objetivo definido.
  - <u>Indicador clave de rendimiento (ICR)</u>: medida cuyo objetivo es evaluar la eficacia o la eficiencia.
  - <u>Objetivo</u>: situación óptima que alcanzar mediante la ejecución de acciones precisas.

En 1954 en su obra *The Practice of Management*, Peter F.

Drucker (teórico del management en empresas, 1909-2005) define el concepto de management por objetivos (MBO, *Management by Objectives*): consiste en fijar objetivos cuantitativos y/o cualitativos en un horizonte temporal definido. También precisa que hay que implicar a los trabajadores en la fijación de objetivos y así poder medir y evaluar el rendimiento de estos. Sin utilizar formalmente el acrónimo SMART, Peter Drucker establece las bases del concepto.

Habrá que esperar a un artículo de George T. Doran (profesor de management, 1939-2011), «There's a S.M.A.R.T. Way to Write Management's Goals and Objectives» (Doran 1981) para que aparezca el concepto del objetivo SMART. Doran aclara que no todos los objetivos deben responder a los criterios SMART y que conviene más bien utilizarlos como líneas directrices.

DEFINICIÓN DEL MODELO

El acrónimo *SMART* –que significa «inteligente» en inglés–

hace referencia a cinco conceptos que hay que tener presente constantemente cuando se fijan objetivos para validar su pertinencia. Por orden, los conceptos son «específico» (S, *specific*), «medible» (M, *measurable*), «asignable» (A, *assignable*), «realista» (R, *realistic*), «temporal» (T, *time-related*), es decir, determinado en el tiempo.

En su origen, el modelo se utilizaba para definir las especificidades de un objetivo o de un indicador concreto en el marco de management o de gestión de proyectos, lo que implica superar la idea abstracta y establecer eficazmente la intervención. La simplicidad de la herramienta seduce a otras disciplinas como los recursos humanos, cuyo objetivo es favorecer el desarrollo personal y el desarrollo de la eficacia de los empleados. Esta técnica también se puede utilizar individualmente (fijarse objetivos SMART a sí mismo) o en equipo (un mánager podrá fijar objetivos que varias personas tendrán que alcanzar juntas).

Aunque existan muchas variantes de este acrónimo, solo analizaremos las más comunes.

TEORÍA Y PRESENTACIÓN DEL CONCEPTO

LOS CRITERIOS SMART

Si una meta se define como el resultado de una sucesión de objetivos que hay que cumplir, estos pueden dividirse en una serie de subobjetivos. Por ejemplo, para ver aumentar sus ventas (el objetivo final), el mánager se fijará el objetivo de captar a 100 nuevos clientes.

Los criterios son elementos necesarios para establecer un juicio, mientras que los indicadores permiten verificar si se cumplen de manera correcta. De esta forma, un criterio destinado a definir el concepto de tiempo para la ejecución de un objetivo podrá controlarse mediante un indicador temporal como «en una semana».

Un mánager, así como un empleado, puede referirse a los criterios SMART. El primero tenderá a fijar objetivos al equipo del que es responsable, mientras que el segundo los definirá por sí solo.

Empecemos por detallar los cinco elementos que forman el acrónimo SMART según George T. Doran.

- **Específico (*Specific*).** El objetivo debe referirse a un elemento determinado. Este criterio permite evitar fórmulas muy generales –y en consecuencia muy confusas– como «aumentar los beneficios de la empresa»; preferirá un objetivo como «reducir el coste ligado a la máquina A» cuyas repercusiones puedan cuantificarse. En este ejemplo, «aumentar los beneficios de la empresa» se considerará la meta que alcanzar por medio de un objetivo que consiste en la reducción del coste de una máquina. Al definir precisamente un objetivo, las acciones que hay que llevar a cabo para alcanzarlo se vuelven más evidentes. Se añadirán eventualmente subobjetivos (disminuir la tasa de residuos, el número de averías, etc.). Un buen objetivo está, con este criterio, delimitado en estos aspectos principales: se aplica a un marco o región geográfica precisa y dispone igualmente de un financiamiento específico;

- **Medible (*Measurable*).** Es primordial tener en cuenta este aspecto que permite controlar los resultados durante la fijación de objetivos en el mundo empresarial. Para conseguirlo, la empresa debe disponer de medios fiables para, por un lado, tener acceso a los datos y, por otro, poder interpretarlos correctamente. No siempre es posible o fácil cuantificar un objetivo, algunos serán más cualitativos que cuantitativos. Por ejemplo, el objetivo de mejora de la imagen de la empresa será difícil de cuantificar. Sin embargo, es necesario interesarse por este elemento. En nuestro caso, es posible proceder a encuestas y recopilar datos cifrados (la percepción de la empresa para el público en una escala del 1 al 10) para luego ajustar el propósito;
- **Asignable (*Assignable*).** Una o varias personas deben identificarse claramente como responsables de la realización del objetivo. Pueden ser colaboradores internos o externos de la empresa. También es posible asignarse un objetivo a sí mismo;

- **Realista (*Realistic*).** Esta noción tiene como objetivo diferenciar la situación ideal –más difícilmente alcanzable– del objetivo concreto. El objetivo debe poder alcanzarse con los medios actuales de la empresa o mediante nuevos medios razonablemente accesibles. Para ser realista, también debe tener en cuenta las legislaciones en vigor. Este criterio tendrá un impacto en la motivación e implicación de los empleados; también hay que encontrar un medio justo entre un objetivo que presente un desafío y un objetivo que se pueda realizar. Puede ser interesante prever otra meta menos ambiciosa en caso de fracaso;

- **Temporal o determinado en el tiempo (*Time-related*).** Es importante definir, en el momento de fijar el objetivo, un registro de vencimientos. Sin referencias temporales, el objetivo corre el riesgo de perder su carácter concreto y será, en consecuencia, imposible comprobar su realización.

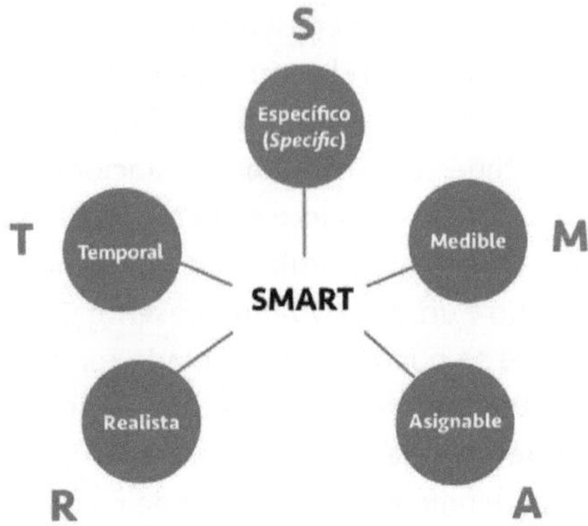

Los cinco elementos representados son los que George T. Doran propuso. Veremos en el apartado «Extensiones y modelos conexos» que pueden tener variantes.

VENTAJAS DEL MODELO

Aunque la simplicidad y la consonancia mnemotécnica del acrónimo constituyen las principales ventajas del modelo, se pueden citar otras:

- en primer lugar, este modelo favorece la obtención de resultados específicos destacando el aspecto tangible y calculable de los objetivos;
- además, puede aplicarse en campos muy variados y puede incluso aplicarse en el ámbito de la vida privada;
- finalmente, la fórmula SMART vuelve al objetivo com-

pleto y necesita pocas o ninguna precisión suplementaria.

APLICACIÓN DEL CONCEPTO

Aunque el método SMART parezca relativamente sencillo, hay que tratar de seguir escrupulosamente las etapas durante la fijación del o los objetivos para alcanzarlos a su debido tiempo, evitando los numerosos escollos potenciales.

CONSEJOS Y BUENAS PRÁCTICAS

Regla n.º 1: Un objetivo tiene que ser específico

Sean cuales sean los campos, es habitual comenzar la reflexión por el primer criterio: la especificidad del objetivo. Este permite recordar a los mánagers que tienen que ser precisos y tener constantemente presentes todos los aspectos de los objetivos que quieran delimitar. En el marco de la gestión de proyectos o en *marketing*, la primera pregunta que hay que hacerse es «¿Planteo a cada trabajador objetivos diferentes o propongo un objetivo más global a uno de mis jefes de departamento?». Si el mánager quiere atribuir objetivos diferentes a cada empleado, hay muchas posibilidades para que empiece por establecer un objetivo global para luego repartirlo entre los diferentes departamentos y trabajadores. También puede decidir escoger un objetivo general y pedir al/a los responsable/s del/de los departamento/s que asigne/n los subobjetivos a su equipo. Si se fijan de forma participativa, los empleados colaboran directamente en la definición del objetivo: forman parte del proyecto y pueden dar su opinión. Este enfoque asegura una implicación más grande por su parte, puesto que se comprometen desde el principio del proceso.

Regla n.º 2: Un objetivo tiene que poder medirse

Con respecto al imperativo de medir el objetivo –cuantitativamente o cualitativamente–, se necesita, en principio, delimitar de forma cifrada el objetivo que alcanzar, pero también intentar reflexionar en la forma en que estos datos cifrados podrán obtenerse. No siempre es fácil detenerse en este último aspecto, puesto que la información es costosa (por ejemplo, un estudio de mercado completo) o difícilmente objetivable (por ejemplo, la creación de un producto de calidad).

Si la empresa no dispone de un departamento que centralice los datos, es importante hacer en esta etapa un balance de los que serán fácilmente accesibles a través de su red interna. Una organización posee a menudo más recursos que la persona que busca información cree, incluso si se dispersan en diferentes departamentos (contabilidad, *marketing*, finanzas, etc.). Los datos recogidos en un momento dado deben guardarse, puesto que servirán de punto de referencia para comparar los resultados registrados al final del registro de vencimientos fijado.

Aunque el concepto de evaluación esté implícito en el modelo, es importante tener presente que esta etapa ayudará considerablemente *a posteriori* al mánager, cuando tenga que evaluar los resultados finales del objetivo. En algunos casos, puede ser interesante prever diferentes escenarios en función de los umbrales a partir de los que podemos estimar que se ha alcanzado el objetivo: en el caso de un objetivo de aumento de las ventas del 25%, ¿cuál es el umbral a partir del cual el mánager puede sentirse satisfecho o, al contrario, cambiar su estrategia? ¿El 25% es un límite inferior rígido o se considerará a un aumento del 20% un éxito que no cuestionará la estrategia? El mánager reaccionará de forma distinta si observa un aumento de las ventas del 15% o del 20% si había previsto un aumento del 25%. Se podrán aplicar diferentes tipos de medidas correctoras según los casos.

Regla n.º 3: Un objetivo debe ser asignable

La siguiente etapa consiste en asignar este objetivo a un miembro de la empresa o a una persona/organización externa en función de los recursos disponibles y del coste de subcontratación que representa. En el campo, cabe señalar que algunos mánagers prefieren designar a un responsable antes de abordar las cuestiones prácticas relacionadas con la evaluación de los resultados. De esta forma, un mánager podrá fijar con el delegado comercial, al que se le asigna esta misión, el número de ventas que éste tendrá que efectuar en función de las que ha registrado a lo largo del año precedente.

Regla n.º 4: Un objetivo debe delimitarse en el tiempo

Es el momento de determinar cuando el objetivo puede/ debe realizarse. Corresponde al mánager elaborar una estrategia para asegurar que las fechas previstas se respetan. Como se aconseja prever cierto margen de maniobra en caso de imprevisto, el mánager velará por comunicar a sus empleados un planning más ajustado. Por ello, no hay que abusar de esta estratagema, puesto que cuanto más cortos sean los plazos, más se intensificará la presión a nivel de los trabajadores. También puede ser juicioso recurrir al diagrama de Gantt para planificar subobjetivos y mantener el control en el proceso de la realización del objetivo.

El diagrama de Gantt

El diagrama de Gantt (ideado en 1910 por el ingeniero americano y consultor en management, Henry L. Gantt, 1861-1919) es una herramienta muy utilizada en la gestión de proyectos. Ofrece una visión de conjunto de las diferentes tareas que realizar (representadas mediante pequeñas barras horizontales) y su eventual superposición en el tiempo. Actualmente existen muchos programas informáticos de pago o gratuitos para realizar este tipo de diagrama.

Ejemplo del diagrama de Gantt

Nombre de la tarea	Principio	Fin	Junio	Julio	Agosto	Sept.
Estudio comparativo de las máquinas	1/06/15	30/06/15	▬▬			
Búsqueda de proveedores	20/06/15	20/07/15	▬▬			
Entrega de la máquina	20/07/15	10/08/15		▬		
Instalación de la máquina	10/08/15	16/08/15			▬	
Primera prueba de la máquina	17/08/15	18/08/15			▪	
Inicio de la producción	18/08/15					▬▬

Regla n.º 5: Un objetivo debe ser realista

Para terminar, hay que conseguir que el objetivo sea realizable. Este concepto es el más subjetivo de los elementos del modelo y corresponde al mánager evaluarlo con ayuda de las herramientas de las que dispone y de su intuición (análisis estadísticos, estudios de mercado, encuestas

de satisfacción, etc.). Para ello, tendrá que basarse en:

- cifras tangibles para calcular la situación prevista;
- sus experiencias pasadas;
- las previsiones para evaluar la situación futura.

El mánager puede escoger comprobar el lado realista del objetivo basándose únicamente en la parte específica o en el conjunto de los conceptos precedentes. En este último caso, comprobará previamente que la o las persona/s a la/s que se le/s ha asignado el proyecto disponga/n de medios suficientes para lograr el objetivo en los plazos concedidos. Creemos que este criterio es el más complicado de aprehender, y, por cierto, será el más criticado.

¿SABÍAS QUE...?

La «intuición» en management hace referencia a los elementos emocionales e inconscientes que no siempre están justificados por datos objetivos y que guían al mánager en la toma de decisiones. En función de su experiencia y de las situaciones similares que ha vivido, éste tendrá el sentimiento, o no, de que el nuevo proyecto pueda triunfar.

Aunque el método SMART sirva para definir correctamente

objetivos, no debe en ningún caso encarnar una lista de control exhaustiva en la fijación de un objetivo: algunos elementos del acrónimo pueden faltar. De esta forma, un objetivo, que no sería medible, sería menos interesante de establecer, pero no necesariamente inútil.

ESTUDIO DE CASO

Para ilustrar la teoría, se presentan dos ejemplos de fijación de objetivos SMART que se aplican en diferentes campos: la gestión de proyectos y el desarrollo personal.

El método SMART en la gestión de proyectos

La empresa A invierte en una máquina nueva para aumentar su producción de tabletas. El 5 de enero, el mánager formula su objetivo SMART de la siguiente forma: «En el segundo trimestre, George Dupond, encargado del proyecto, presentará un aumento efectivo de 10 000 unidades mensuales suplementarias a nivel de la producción gracias a la nueva máquina AX-02».

CRITERIOS SMART		DEFINICIÓN DEL OBJETIVO
S	Específico *(Specific)*	Un **aumento de la producción de tabletas de la empresa A gracias a una nueva máquina AX-02.**
M	Medible	**La producción de 10 000 unidades suplementarias por mes en relación con el 5 de enero del mismo año.**
A	Asignable	**Georges Dupond** es el responsable del proyecto.
R	Realista	Consideramos que el **aumento de 10 000 unidades** es realista.
T	Temporal	**En el segundo trimestre** (esta fórmula podría ser más precisa enunciada por ejemplo al final del segundo trimestre).

- **Punto fuerte:** este objetivo cumple con todos los criterios de los objetivos SMART. El mánager podrá evaluar si el objetivo se cumple efectivamente en el horizonte temporal elegido. En este ejemplo, será fácil comparar la producción, por ejemplo, con la del mes de diciembre (si suponemos que la producción es constante) y verificar el aumento de la producción en el segundo trimestre.
- **Punto débil:** el horizonte temporal es relativamente vago. Los trabajadores tenderán a considerar como fecha límite el final del segundo trimestre, mientras que el mánager tendrá presente el principio del segundo trimestre. Para evitar cualquier tipo de confusión, hay que tener presente formular un objetivo lo más preciso posible.

Para fijar la parte medible del objetivo, el mánager se basará en los datos precedentes. Así podrá calcular el porcentaje de aumento que representa con relación al año anterior, por ejemplo. Así asegurará también que es posible agotar la producción suplementaria a través de un estudio de mercado principalmente. El carácter realista se verificará en función de las especificaciones de la máquina y de la productividad de sus obreros.

Caso particular: proyecto con subobjetivos

Si la empresa A se da cuenta de que la producción de las tabletas es más difícil de lo que pensaba, fijará dos subobjetivos para alcanzar las 10 000 unidades suplementarias esperadas.

1. **Encontrar las nuevas materias primas para fabricar más productos**. Así, el responsable de compras (asignable) se encargará de aquí al fin de mes (temporal) de evaluar a los proveedores, de tomar contacto con ellos y de firmar un contrato con el que proponga la mejor oferta (específica y medible). Este objetivo parece realista puesto que este tipo de tareas no sale del área de especialización del responsable de compras.
2. **Optimizar los ajustes de la máquina para minimizar los residuos**. Del segundo subobjetivo también se encargará el responsable de compras (asignable) que tendrá que encontrar la mejor combinación de los diferentes ajustes (específico), por ejemplo, el tamaño y la forma del molde y la cantidad de plástico. Aunque se prevea el lanzamiento de la producción para un mes y medio más

tarde, todos los ajustes se deben efectuar antes de dicha fecha (temporal). Concretamente, tiene que descartar los factores que hacen que el producto sea defectuoso utilizando un programa que calcule todas las posibilidades y que determine la mejor, según la tasa de residuos (medible). Para que este objetivo sea realista, el responsable de compras tendrá que procurarse con rapidez el programa en cuestión y adquirir rápido los conocimientos técnicos para utilizarlo eficazmente.

Los criterios SMART para fijar un objetivo de aprendizaje

Augustin, un joven graduado en Letras, quiere lanzarse en la creación de páginas de Internet, pero no sabe nada sobre programación. Compra un manual para crear su primera página personal en menos de un mes: tiene que constar de un menú y una decena de páginas. Todas las mañanas, lee unas quince páginas del libro y realiza progresivamente su proyecto.

Tabla de los criterios SMART

CRITERIOS SMART		DEFINICIÓN DEL OBJETIVO
S	Específico *(Specific)*	La **creación de una página personal que comprenda un menú y una decena de páginas.**
M	Medible	Es **fácil de comprobar** si la página está creada o no y si comporta efectivamente un menú y una decena de páginas.
A	Ambicioso	La creación de una página de Internet es un **verdadero desafío** puesto que él no sabe de programación cuando decide lanzarse en este proyecto.
R	Realista	Este proyecto es ambicioso, pero realizable: **hay medios para llegar a él.** Dedicará todas las mañanas al aprendizaje de la creación de páginas.
T	Temporal	El plazo fijado es **un mes.**

La principal diferencia entre los objetivos de aprendizaje y los otros reside en la adaptación del criterio «asignable» a «ambicioso» (en la definición de un objetivo de aprendizaje, preferiremos el concepto «ambicioso» al de «asignable», puesto que partimos del principio de que siempre es personal). Esto no quiere decir que los objetivos fijados en el marco de la gestión de proyectos o en el *marketing* no tengan que ser ambiciosos. Una vez más, queremos subrayar el hecho de que hay que utilizar el método SMART para alcanzar resultados y no como una lista de control.

REPERCUSIONES

LÍMITES Y CRÍTICAS DEL MODELO

Recuerde: no todos los objetivos tienen que ser necesariamente SMART. George T. Doran no concebía este acrónimo como una lista de control, sino como un ayuda en la formulación de objetivos que permiten obtener resultados tangibles. Por ello,

- puede ser peligroso querer generalizar este modelo a toda fijación de objetivos. El método SMART no siempre está indicado para la definición de objetivos a largo plazo porque el lado realista puede frenar los objetivos percibidos como muy ambiciosos;
- ni se pueden medir todos los resultados de forma objetiva ni la empresa tiene siempre las competencias necesarias o los medios financieros suficientes para obtener e interpretar la información. Sin embargo, no debe renunciar a fijarse objetivos;
- la adaptación del objetivo no tiene lugar en el modelo SMART (excepto con una variante de la A en «ajustable» que abordaremos más adelante). Sin embargo, a veces es importante tener en cuenta las variaciones del entorno en el que evoluciona la empresa.

El empresario y conferenciante estadounidense Brendon Burchard (fundador de la *Experts Academy*, nacido en 1977) también sostiene que todos los objetivos no deben ser SMART y lo demuestra mediante diversos ejemplos. El objetivo de Cristóbal Colón, que era llegar a la India por el

Atlántico, estaba lejos de ser SMART, por ejemplo. No era muy realista en la época, el horizonte temporal era incierto. En cuanto al lado medible, solo se podía hacer de forma binaria: el objetivo se alcanzaba o no. Burchard recuerda que es importante guardar los ideales y propone otro acrónimo: DUMB –que significa «estúpido» en inglés–, el opuesto del modelo SMART.

Critica especialmente el carácter realista de los objetivos SMART, cuyo concepto es probablemente el más complicado de evaluar. Según él, conviene fijar un objetivo que represente un desafío mientras que sea posible, realizable. Si preferimos la variante «pertinente» (*Relevant*), hay que interesarse por las prioridades de la empresa. Si la prioridad a largo plazo es comprimir los costes, un objetivo que apunte a añadir valor al producto estará en contradicción con esta prioridad y no será pertinente. La pertinencia del objetivo se evalúa en función de las prioridades a largo plazo de la empresa o del individuo en el caso de objetivos de aprendizaje.

EXTENSIONES Y MODELOS CONEXOS

Las interpretaciones del modelo SMART

Debido a su popularidad, el modelo SMART tiene numerosas variantes. La siguiente tabla recoge las más importantes.

Las variantes del método SMART

S	Simple, sostenible, significativo
M	Motivante, manejable, *meaningful* (significativo)
A	Alcanzable, accionable, ambicioso, ajustable, aceptable
R	*Relevant* (pertinente), *result-oriented* (orientado a los resultados)
T	*Trazable, tangible*

Es normal encontrar la siguiente combinación: Específico (S, *Specific*), Medible, Alcanzable, Pertinente (R, *Relevant*) y Temporal. En este caso, hay que tratar de utilizar conjuntamente los criterios «pertinente» y «alcanzable» (que sustituye al concepto de «realista»); un modelo que contuviese conjuntamente «alcanzable» y «realista» presentaría una redundancia. El criterio de la pertinencia aporta una dimensión suplementaria, pero excluye el concepto de atribución de la responsabilidad del proyecto.

Recomendamos el mantenimiento del empleo de esta última debido a que el carácter pertinente se encuentra en el criterio «específico» y en el conjunto del modelo.

Modelo SMARTER

El modelo SMART posee una extensión que lo completa: el SMARTER, que significa «más inteligente». La E y R adicionales hacen referencia a la Evaluación (*Evaluation*) y a la Revisión (*Review*). La evaluación *a posteriori* entra en el concepto de medible. Aunque este esté implícito en el modelo SMART, en la M, hay que identificarlo claramente para poder responder a las siguientes preguntas:

* ¿Quién está a cargo?
* ¿Cómo hay que realizarlo?

La revisión supone medidas de ajuste necesarias después de la evaluación. La siguiente tabla recoge las variantes más corrientes:

El modelo SMARTER

S	*Specific* (específico) , simple, sostenible, significativo
M	Medible, motivante, manejable, *meaningful* (significativo)
A	Asignable, alcanzable, accionable, ambicioso, ajustable, aceptable
R	Realista, *relevant* (pertinente), *result-oriented* (orientado a los resultados)
T	Temporal, trazable, tangible
E	Ético, ecológico, equitativo, *enhancing* (mejorable)
R	Registrable (bajo forma de gráfica por ejemplo), *rewarding* (que recompensa)

El modelo DUMB

Ante el renombre del modelo «inteligente», Brendon Burchard ha querido, de forma un poco pícara, cuestionar el uso y la legitimidad del SMART. Propone un nuevo acrónimo que da más lugar a los sueños y menos al realismo: el DUMB, cuyo campo semántico se opone directamente al SMART.

Los cinco elementos que forman el acrónimo son:

- ***Dream driven.*** Los objetivos deben guiarse por el sueño. A imagen de Cristóbal Colón, las personas y las empresas deben fijarse un ideal que alcanzar. Una empresa debe, por ejemplo, aspirar a ser la mejor en su campo en términos de calidad.
- ***Uplifting.*** Este término inglés puede traducirse como «inspirador». La formulación del objetivo tiene en este caso un papel importante, puesto que se trata de ser motivante. Burchard ilustra su plan mediante el ejemplo de la pérdida de peso. Según él, el objetivo no se debe expresar negativamente, sino de la siguiente forma «parecerse a un top model», que parece más positiva y, así, más estimulante.
- ***Method friendly.*** Hay que fijar un método claro, que permita al que se proponga conseguir un objetivo, disciplinarse para alcanzarlo. En el marco de objetivos de aprendizaje, podemos imaginar actividades cotidianas que mejoran su nivel en el campo.
- ***Behaviour driven.*** El concepto se refiere a un cambio de comportamiento que debería marcar diferencia: para llegar a sus sueños, hay que reservarse puesto el impacto positivo sobre el aprendizaje y el rendimiento depende de la actitud.

EN RESUMEN

- El modelo SMART (acrónimo de Específico (*Specific*), Medible (*Measurable*), Asignable (*Assignable*), Realista (*Realistic*), Temporal (*Time-related*)) es una herramienta utilizada para fijar objetivos en el campo de la gestión de proyectos y del desarrollo personal.
- Su sencillez y el medio mnemotécnico designado para recordarlo son las razones principales de su éxito.
- Hay muchas variantes del modelo. Una de las más conocidas es el modelo SMARTER que añade las dimensiones de evaluación y de reevaluación.
- Se ha criticado su lado realista porque deja poco lugar a los sueños y a las ambiciones, lo que no es beneficioso para objetivos a largo plazo.
- La fijación de subobjetivos puede ser indispensable para la realización de proyectos complejos.
- El mánager puede escoger entre:
- asignar primero el objetivo antes de determinarlo específicamente, o a la inversa;
- implicar o no a los trabajadores en la fijación de objetivos.
- Cabe recordar que se trata de un método para dar resultados y no una lista de control. Por lo tanto, no se deben tomar todos los criterios en consideración.

Tabla práctica

	Preguntas	Ejemplo de formulación de objetivo: bajada de los costes de producción	Ejemplo de acciones concretas que emprender
S	¿El objetivo es lo suficientemente concreto para ver qué acciones llevar a cabo?	«Mi empresa tiene que controlar sus costes de producción relacionados con el producto "bolsa de deporte"».	El objetivo es concreto. Para alcanzarlo, hay que estudiar primero el coste actual para ver dónde se sitúan las mejoras posibles.
M	¿Qué datos necesito para fijar el objetivo? ¿Qué cantidad, qué umbral, qué frecuencia le voy a dar al objetivo?	«Con ayuda de los datos actuales, me fijo un bajada del coste de producción del 10%».	Hago inventario de los datos disponibles. Determino los que ya tengo y los que me tengo que procurar. Anoto claramente esta bajada del 10%.
A	¿Quién será el responsable de su realización?	«Designo al jefe de producción como responsable de la realización del objetivo».	Me aseguro de que la persona designada haya entendido bien el objetivo. La contacto regularmente para tener una idea de la situación.
R	¿Se puede alcanzar el objetivo mediante los medios actuales o con medios nuevos razonablemente accesibles?	«La productividad puede mejorarse en la línea de producción "bolsa de deporte". El 10% es un dato realista».	Me pregunto si semejante objetivo ya se ha realizado en el pasado. Me pregunto cuáles van a ser las reacciones de los empleados.
T	¿Cuándo se tiene que hacer el balance?	«A finales de este año el objetivo debe haberse alcanzado».	Establezco un planning de seguimiento. Reflexiono eventualmente sobre los subobjetivos que hay que realizar previamente.

PARA IR MÁS ALLÁ

FUENTES BIBLIOGRÁFICAS

- Burchard Brendon. 2014. "Smart Goals Are DUMB". *The Charged life*. Julio. Podcast consultado el 31 de marzo de 2015. https://itunes.apple.com/gb/podcast/charged-life-brendon-burchard/id821746377?mt=2
- Doran, George T. 1981. "There's a S.M.A.R.T. Way to Write Management's Goals and Objectives". *Management Review*, vol. 70, n.º 11, p. 35-36.
- Drucker, Peter F. 1954. *The Practice of Management*. Nueva York: HarperCollins Publishers.
- Haughey, Duncan. 2014. "A Brief History of SMART Goals". *Project Smart*. Consultado el 31 de marzo de 2015. http://cdn.projectsmart.co.uk/pdf/brief-history-of-smart-goals.pdf
- Morisson, Mike. 2010. "History of SMART Objectives". *RapidBI*. 22 de junio. Consultado el 31 de marzo de 2015. https://rapidbi.com/history-of-smart-objectives/
- Prunier, Yves. 2013. "Un objectif SMART n'est pas la panacée". *Les Echos.fr*. 10 de abril. Consultado el 31 de marzo de 2015. http://archives.lesechos.fr/archives/cercle/2013/04/10/cercle_70057.htm
- Vincent, François. 2013. "Créer des objectifs S.M.A.R.T., une formule magique en marketing". *Stratégie marketing PME*. Septiembre de 2013. Consultado el 31 de marzo de 2015. http://www.strategiemarketingpme.com/strategies/creer-objectifs-s-m-r-t-formule-magique-en-marketing/
- Yemm, Graham. 2013. *Essential Guide to Leading Your*

Team: How to Set Goals, Measure Performance and Reward Talent, 37-39. Nueva York: Pearson Education.

FUENTES COMPLEMENTARIAS

- Dallas, Justin. 2015. *Smart Goals: Everything You Need to Know About Setting S.M.A.R.T. Goals. Dream Big, Set Goals, Take Action*. Edición Kindle.
- Gudger, Jacob. 2013. *SMART Goals: The Ultimate Goal Setting Guide*. Edición Kindle.
- Scott S.-J. 2014. *Goals Made Simple - 10 Steps to Master Your Personal and Career Goals*, Edición Kindle.

¡APRENDER NUNCA ANTES FUE TAN RÁPIDO!

www.en50minutos.es